中华人民共和国行业推荐性标准

公路桥梁抗撞设计规范

Specifications for Collision Design of Highway Bridges

JTG/T 3360-02—2020

主编单位：中交公路规划设计院有限公司
批准部门：中华人民共和国交通运输部
实施日期：2020 年 08 月 01 日

人民交通出版社股份有限公司
北 京

律 师 声 明

本书所有文字、数据、图像、版式设计、插图等均受中华人民共和国宪法和著作权法保护。未经人民交通出版社股份有限公司同意,任何单位、组织、个人不得以任何方式对本作品进行全部或局部的复制、转载、出版或变相出版。

任何侵犯本书权益的行为,人民交通出版社股份有限公司将依法追究其法律责任。

有奖举报电话:(010)85285150

北京市星河律师事务所
2017 年 10 月 31 日

图书在版编目(CIP)数据

公路桥梁抗撞设计规范:JTG/T 3360-02—2020/中交公路规划设计院有限公司主编. — 北京:人民交通出版社股份有限公司,2020.5
ISBN 978-7-114-16435-4

Ⅰ.①公… Ⅱ.①中… Ⅲ.①公路桥—防撞—设计规范—中国 Ⅳ.①U448.143.8-65

中国版本图书馆 CIP 数据核字(2020)第 049950 号

标准类型:中华人民共和国行业推荐性标准
标准名称:公路桥梁抗撞设计规范
标准编号:JTG/T 3360-02—2020
主编单位:中交公路规划设计院有限公司
责任编辑:丁 遥
责任校对:孙国靖 宋佳时
责任印制:刘高彤
出版发行:人民交通出版社股份有限公司
地   址:(100011)北京市朝阳区安定门外外馆斜街 3 号
网   址:http://www.ccpress.com.cn
销售电话:(010)59757973
总 经 销:人民交通出版社股份有限公司发行部
经   销:各地新华书店
印   刷:北京市密东印刷有限公司
开   本:880×1230 1/16
印   张:3.5
字   数:80 千
版   次:2020 年 5 月 第 1 版
印   次:2020 年 6 月 第 2 次印刷
书   号:ISBN 978-7-114-16435-4
定   价:40.00 元

(有印刷、装订质量问题的图书,由本公司负责调换)

中华人民共和国交通运输部

公 告

第 21 号

交通运输部关于发布
《公路桥梁抗撞设计规范》的公告

现发布《公路桥梁抗撞设计规范》(JTG/T 3360-02—2020)，作为公路工程行业推荐性标准，自 2020 年 8 月 1 日起施行。

《公路桥梁抗撞设计规范》(JTG/T 3360-02—2020) 的管理权和解释权归交通运输部，日常解释和管理工作由主编单位中交公路规划设计院有限公司负责。

请各有关单位注意在实践中总结经验，及时将发现的问题和修改建议函告中交公路规划设计院有限公司（地址：北京市德胜门外大街 85 号德胜国际中心 A 座，邮政编码：100088)，以便修订时研用。

特此公告。

中华人民共和国交通运输部

2020 年 4 月 20 日

交通运输部办公厅　　　　　　　　　　　　　　　　2020 年 4 月 21 日印发

前　言

根据交通运输部《关于下达 2008 年度公路工程标准制修订项目计划的通知》（厅公路字〔2008〕147 号）的要求，中交公路规划设计院有限公司作为主编单位主持编制《公路桥梁抗撞设计规范》（JTG/T 3360-02—2020）。

本规范对公路桥梁抗船撞的有关技术要求进行了规定。在编制过程中，编写组进行了大量的科研工作，吸取了国内已有的研究成果和实际工程经验，参考、借鉴了国内外相关的标准规范。规范初稿编写完成以后，通过多种方式广泛征求了设计、施工、建设、管理等有关单位和专家的意见，并经过反复讨论、修改后定稿。

本规范共包括 7 章和 4 个附录，主要内容为：总则、术语和符号、总体设计、设计基本要求、设防船撞力与设防代表船型、船撞效应计算方法和结构性防船撞设施，附录为：构件抗船撞性能指标、船舶信息的收集和分类、船撞桥概率-风险分析方法和船撞动力荷载。

请各有关单位在执行过程中，将发现的问题和意见函告本规范日常管理组，联系人：李会驰（地址：北京市德胜门外大街 85 号德胜国际中心 A 座，中交公路规划设计院有限公司，邮编：100088，传真：010-82017041，电子邮箱：sssohpdi@163.com），以便修订时研用。

主 编 单 位：中交公路规划设计院有限公司
参 编 单 位：同济大学
　　　　　　　上海船舶运输科学研究所
　　　　　　　招商局重庆交通科研设计院有限公司
　　　　　　　中交公路长大桥建设国家工程研究中心有限公司
　　　　　　　北京深华达交通工程检测有限公司

主　　　　编：赵君黎
主要参编人员：王君杰　金允龙　李文杰　耿　波　冯　茞　李会驰
　　　　　　　　高水德　王福敏　邬　都　冯清海　翟慧娜

审 查 人 员：范立础　张建军　吴　琼　于　光　胡建华　鲍卫刚　詹建辉

　　　　　　　王克海　章　渝　魏志刚　谢素华　杨渡军　梁智涛　彭元诚
　　　　　　　谭邦明　史方华　梁立农　徐宏光　刘海清　钟明全　华　新
　　　　　　　马　骉　王东晖　刘　硕　邹永超
参加人员：王宏丹　张　旭　李　雪　张　杰

目　次

1 总则 ··· 1
2 术语和符号 ·· 2
　2.1 术语 ··· 2
　2.2 符号 ··· 3
3 总体设计 ·· 5
　3.1 一般规定 ··· 5
　3.2 桥位与桥轴线 ··· 6
　3.3 桥型与结构 ·· 7
　3.4 通航净空 ··· 7
　3.5 防撞设施 ··· 8
4 设计基本要求 ··· 9
　4.1 一般规定 ··· 9
　4.2 抗船撞设防目标 ·· 10
　4.3 抗船撞性能验算 ·· 12
5 设防船撞力与设防代表船型 ··· 13
　5.1 一般规定 ··· 13
　5.2 分析方法 ··· 18
6 船撞效应计算方法 ··· 20
　6.1 一般规定 ··· 20
　6.2 质点碰撞方法 ··· 21
　6.3 强迫振动方法 ··· 21
7 结构性防船撞设施 ··· 23
　7.1 一般规定 ··· 23
　7.2 选用原则 ··· 23
　7.3 设计方法 ··· 25
附录 A　构件抗船撞性能指标 ··· 26
附录 B　船舶信息的收集和分类 ·· 31
附录 C　船撞桥概率-风险分析方法 ··· 35
附录 D　船撞动力荷载 ·· 41
本规范用词用语说明 ··· 46

1 总则

1.0.1 为规范和指导公路桥梁抗撞设计，制定本规范。

1.0.2 本规范适用于公路新建桥梁中主体结构的抗船撞设计。

条文说明

桥梁主体结构的抗船撞性能，是其安全使用的核心因素。非主体结构与主体结构相比，在撞损后果、可修复性和社会影响上差异显著。

1.0.3 公路桥梁抗撞设计应综合考虑桥梁、船舶、水运管理和公路管理等因素，合理确定桥梁的总体方案、设防目标、防撞设施等。

条文说明

船舶撞击桥梁成因复杂，水文条件、桥位或桥梁布置、船舶的通行量和船型构成、航运或公路运输管理等均会影响撞击风险。确定抗撞设计方案时，需要对这些因素进行全面系统的分析。

1.0.4 公路桥梁主体结构宜采用基于性能的抗撞设计方法。

条文说明

对于船撞作用，如采用基于单一目标来设计，保证桥梁在可预见的撞击作用下处于安全状态，偏于保守。基于性能的设计方法，考虑撞击发生的概率和撞击力的强度等因素，采用一系列的结构性能目标作为设计准则，保障在撞击作用下实现结构预定功能。目前，在抗震设计中已采用基于性能的抗震设计方法。

1.0.5 公路桥梁抗撞设计除应符合本规范的规定外，尚应符合国家和行业现行有关标准的规定。

2 术语和符号

2.1 术语

2.1.1 基于性能的抗撞设计 performance-based collision design

结构的设计准则由一系列可以实现的性能目标来表示，保证在船舶撞击力作用下实现结构预定功能的抗撞设计方法。

2.1.2 船舶撞击力 vessel impact force

船舶与桥梁构件发生碰撞时产生的作用力。

2.1.3 设防代表船型 design vessel of collision

桥梁抗撞设计时选定的代表船舶类型。

2.1.4 设防船撞力 design force of vessel collision

用于桥梁抗撞设计的船舶撞击力代表值。

2.1.5 排水量 displacement weight

船舶排开水的质量。

2.1.6 附连水质量 added mass of entrained water

为反映碰撞时水对船体的作用，将水按照一定的规则简化为附加在船体上的等效质量。

2.1.7 附连水质量系数 coefficient for added mass of entrained water

附连水质量与船体排水量的比例系数。

2.1.8 航迹线 track line

船舶航行的平面轨迹线；可通过船舶自动识别系统（AIS）、船舶航行服务系统（VTS）获得。

2.1.9 防撞设施 protection facilities

用于防止船舶撞击桥梁，或降低船舶撞击作用的工程结构或装置。

2.1.10 助航设施　navigation-aid measure

用于帮助船舶正确航行的标识或装置；可设置在陆地、桥梁或航道中。

条文说明

本章仅将本规范出现的、需要明确定义的术语列出，大家都比较熟悉的通用术语没有编入。

术语的解释，其中有部分是国际公认的；但大部分则是概括性的含义，并非国际或国家公认的。术语的英文名称不是标准化名称，仅供引用时参考。

2.2 符号

2.2.1 材料性能有关符号

f_{yw}——钢骨的屈服强度设计值；
R_d——桥梁构件的抗船撞性能；
V_{cd}——混凝土部分的抗剪承载力设计值；
V_{sd}——钢骨部分的抗剪承载力设计值；
V_{wd}——箍筋部分的抗剪承载力设计值；
V_{yd}——构件的抗剪承载力设计值；
ν_c——混凝土剪切强度。

2.2.2 作用和作用效应有关符号

DWT——船舶载重吨位；
F——设防船撞力，按船型分为轮船撞击力设计值、驳船撞击力设计值；
F_{DH}——甲板室撞击力设计值；
F_M——桅杆撞击力设计值；
$F(\tau)$——船撞力时间过程；
$F(\delta)$——撞击力-撞深模型；
I_0——初始动量；
M——满载排水量；
Q_{qk}——汽车荷载准永久值；
S_{ad}——考虑船撞作用的偶然组合下作用效应设计值；
T——撞击力持续时间；
V——船舶撞击速度；
V_U——船舶在航道内的正常行驶速度；
V_L——水域特征流速。

2.2.3 几何参数有关符号

A_g——构件横截面的毛截面积；

D——钢骨的腹板高度；

E——河床高程；

H——水位高程；

L_p——塑性铰长度；

Δ——船舶吃水深度。

2.2.4 计算系数及其他有关符号

C_M——附连水质量系数；

K——构件极限塑性转角的安全系数；

n——船撞范围内桥墩的数量；

n_g——独立的箍筋环数量；

α——构件性能等级系数；

θ——船舶轴线与碰撞面法线夹角；

θ_d——弯曲变形性能等级的界限值；

ϕ_S——抗剪冲击效应折减系数。

3 总体设计

3.1 一般规定

3.1.1 总体设计应合理确定桥位、桥型、跨径、构造，必要时可设置防撞设施或采取监控预警措施等，将船舶撞击桥梁的风险降低到合理和可接受的程度。

条文说明

《公路桥梁和隧道工程设计安全风险评估指南(试用)》将风险定义为事故发生的可能性及其损失的组合。综合措施旨在降低撞击事件发生的概率或避免撞击事件引起不良后果。合理和可接受的程度原则上以桥梁标准规范的有关规定为基础，结合相关方的意见综合确定。

桥梁总体设计需要考虑的因素很多。总体而言，路线规划是第一位的，决定了桥梁的位置；桥区的自然因素决定了桥梁建设的技术难度和管理难度，桥区的通航条件决定了桥梁的通航净空和桥墩布置。另外，综合考虑建设期工程投资和服役期成本是近年来设计理念的新突破。

在监控预警措施方面，繁忙航道上的桥梁有必要设置专用的船撞监测和预警系统，并可以将其作为桥梁健康检测系统的子系统。设置专用监测系统旨在记录肇事船舶信息、桥梁被撞击部位信息以及因船舶撞击产生的结构反应，有助于事故分析、撞击后桥梁安全性能的评价和桥梁船撞设计理论与方法的改进。专用监测系统的设计需进行专门研究或按现行相关规范执行。

3.1.2 桥梁抗撞设防区域应包括主通航孔、辅通航孔以及设计最高通航水位下船舶可能到达的非通航孔。

条文说明

船舶事故调查资料的统计分析表明，撞击非通航孔引起的桥梁垮塌事故的数量约为撞击主通航孔的2倍，非通航孔桥的船撞问题需引起重视。

3.1.3 桥梁抗撞设计应以结构自身抗撞为主，必要时可采用结构性防船撞设施。

条文说明

新建桥梁结构自身应该具有抵抗设防船撞力的能力。为应对超越自身抗撞能力的撞击事件、防止桥梁局部破损等，可以设置必要的结构性防船撞设施，兼顾船舶防护。

3.1.4 多孔跨越航道的桥梁，应根据相对航道的位置等分析各个桥墩的撞击风险，确定其设防船撞力和抗撞设计方案。

条文说明

受自然条件影响，多孔长桥各部分的被撞概率、后果均不相同，需要在考虑撞击风险的基础上确定设防船撞力和抗撞设计方案。

3.2 桥位与桥轴线

3.2.1 跨越航道桥梁的桥位选择应符合现行《公路工程水文勘测设计规范》（JTG C30）、《内河通航标准》（GB 50139）、《运河通航标准》（JTS 180-2）、《海轮航道通航标准》（JTS 180-3）和《长江干线通航标准》（JTS 180-4）的相关规定。

3.2.2 桥位宜选择通航河道顺直，海床、河床稳定，水文条件与通航环境良好，桥区水域海床、河床冲淤变化幅度不大的区域。

3.2.3 桥位宜避开弯道、汊道、滩险、分流口、汇流口、港口作业区、锚地等区域，距弯道险滩的距离应满足船舶航行、作业的安全要求。

3.2.4 位于库区的桥位应考虑库区水位变化；位于港区、城镇以及滩险和锚地等的桥位应考虑航道、港口和城镇发展与规划，航道上下游情况，港口作业情况以及岸线的利用情况等。

条文说明

库区水位往往存在大水位落差的特点。以三峡水库为例，成库后坝前水位一般按照145m-155m-175m进行调度，一年之中水位落差通常在30m以上。选择桥位时需综合考虑水位变化情况对桥梁船撞的影响。

位于港区、城镇以及滩险和锚地的桥位，需充分考虑到桥区附近港口、码头、锚地近期及远期规划的影响，以便对通航船舶密度、通航船舶吨位以及类型有充分的预估。

3.2.5 跨越主河槽的桥轴线宜与水流主流方向或航迹线正交。

条文说明

我国内河航道常具有高水漫滩、枯水归槽等双元化特征，水流流向在丰水期与枯水期有所不同，水流主流方向选取时需兼顾水位年出现频率和最高通航水位对桥梁的影响。

3.3 桥型与结构

3.3.1 桥型选取时应充分考虑桥区水深情况和今后可预见的水位变化情况。

条文说明

经验表明，中承式和上承式拱桥的拱圈、多跨连拱以及V形桥墩受船撞而垮塌的风险较大。国内也有因水位变化而导致拱圈被撞风险增大、需要增设防撞设施的案例。

3.3.2 存在撞击风险的桥梁宜选择跨越能力大、抗撞能力强的桥型；桥墩位置应结合航道合理确定，宜设置于浅水区或设计最高通航水位水域以外。

条文说明

桥梁跨越能力大一方面可以减少水中墩的数量，降低水中桥墩被撞风险，避免对航运的影响；另一方面，大跨桥梁的桥墩或桥塔规模较大，其抗撞能力强。

桥墩位于浅水区或设计最高通航水位水域以外，可以减少或避免大型船舶的直接撞击。

3.3.3 设防区域内存在撞击风险的桥梁构件宜满足下列要求：
1 桥梁下部结构宜选择抗撞性能较好的结构形式。
2 桩基础应避免遭受船舶直接撞击。

条文说明

桥墩或桥塔的主要防护部位包括墩（塔）柱、承台以及桩基；主拱的主要防护部位为拱圈；对于存在撞击风险的主梁，也需考虑防撞设施的设置。

桥梁下部结构需要具有一定的赘余度，以减小因撞击造成结构局部破坏后引起的大范围破坏或结构倒塌，避免和起因不相称的后果。

与墩身、承台相比，桩基础的刚度和抗撞能力最弱，需避免船舶直接撞击桥梁桩基础，必要时设置必要的防撞设施，保证桥梁基础安全。

3.4 通航净空

3.4.1 桥梁通航孔的通航净空尺度应满足现行《内河通航标准》（GB 50139）、《运河通航标准》(JTS 180-2)、《海轮航道通航标准》(JTS 180-3)和《长江干线通航标准》(JTS 180-4)的要求。

条文说明

当航道与桥梁轴线交角大，或出现桥群情况，或桥址位于弯曲航道附近时，需考虑这些因素的影响，适当加大桥梁通航孔的通航净空宽度，或一孔跨过通航水域，或一跨过河。

3.4.2 桥梁的通航净空高度应满足自最高通航水位起算的航道代表船型水线以上高度与富余高度之和，富余高度应满足现行《内河通航标准》(GB 50139)、《运河通航标准》(JTS 180-2)、《海轮航道通航标准》(JTS 180-3)和《长江干线通航标准》(JTS 180-4)的要求。

条文说明

本条规定旨在避免驾驶舱和桅杆撞击桥梁上部结构。

3.5 防撞设施

3.5.1 桥梁防撞设施可采用主动防撞设施、结构性防船撞设施，或两者的组合。

条文说明

主动防撞设施一般包括助航设施、警示标志、安全监控预警设施等。安全监控预警设施是船撞桥风险控制体系的组成部分，其功能包括船撞事故的监测、事故危害识别、信息发布等，目的是尽量减少船撞事故的损失，并可以及时启动船撞桥梁事故应急预案。

结构性防船撞设施属于被动防撞设施，分为独立式、一体式和附着式防船撞设施，如防撞墩、沙岛、防撞套箱等，用以减小或避免船撞对桥梁的损伤。

3.5.2 一体式和附着式结构性防船撞设施的设计、建设应与桥梁主体结构同期开展。

3.5.3 防撞设施的比选应综合考虑适用性、耐久性、维护性、可修复性和经济性等因素。

4 设计基本要求

4.1 一般规定

4.1.1 抗船撞设计原则应根据新建桥梁重要性、通航环境、气象水文条件和所处阶段等因素综合确定。

条文说明

桥梁重要性、通航环境、气象水文条件、所处阶段等均是确定抗船撞原则时需要考虑的因素。所处阶段主要基于桥梁建设期和运营期抗撞能力不同的考虑。施工期间，桥梁不具备设计要求的抗撞能力，这期间通常需要联合航道管理、海事等部门，采取临时通行管理措施，加强施工水域航行安全，遵循"以防为主，防控结合"的原则。运营期则遵循"以抗为主，以防为辅"的原则。这也是近年来大桥建设的经验之一。

4.1.2 桥梁抗船撞设计宜符合下列规定：
1 船撞重要性等级为 C1、C2 的桥梁，宜采用两水准船撞作用设计。
2 船撞重要性等级为 C3 的桥梁，可采用一水准船撞作用设计。

4.1.3 桥梁抗船撞设计应按图 4.1.3 的设计流程进行。

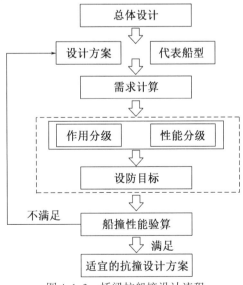

图 4.1.3 桥梁抗船撞设计流程

4.2 抗船撞设防目标

4.2.1 桥梁的抗船撞设防目标应根据船撞重要性等级、船撞作用设防水准确定。

4.2.2 桥梁的船撞重要性等级应根据所属公路等级和桥梁分类按表4.2.2的规定取用。对于有特殊要求的桥梁,其船撞重要性等级可根据具体情况研究确定。

表4.2.2 桥梁的船撞重要性等级

所属公路等级	桥梁分类		
	特大桥	大桥	中桥
高速	C1	C1	C1
一级	C1	C1	C1
二级	C1	C1	C1
三级	C2	C2	C2
四级	C2	C3	C3

注:1. 桥梁分类按现行《公路桥涵设计通用规范》(JTG D60)规定的单孔跨径确定,对多跨不等跨桥梁,以其最大跨径为准。
2. 国防公路、生命线公路上桥梁的船撞重要性等级应取C1级。
3. 表列桥梁包括主桥和船舶能到达水域的引桥。

条文说明

抗撞设计中的桥梁重要性等级是根据所属公路等级和结构规模确定的,进而选用不同的抗撞设防目标和性能要求。

小桥一般不具备桥下通航的条件,因而重要性等级中未予包含。

本规范分类原则与国际通用的性能分类基本对应。美国《公路桥梁船撞设计指南》对桥梁重要性分为以下3类:

Ⅰ类:为社会安全机构、消防结构、公共卫生机构、应急救援结构等应对紧急情况提供关键运输路线的桥梁;连接国家级枢纽交通和通信设施、资源和能源供应基地的桥梁;连接重要军事设施的桥梁。

Ⅱ类:除Ⅰ类、Ⅲ类以外的桥梁。

Ⅲ类:承担的车辆和人员交通量稀少且周围无关键安全和社会功能节点交通需要的区域性桥梁。

4.2.3 船撞作用设防水准应按表4.2.3的规定取用。

表 4.2.3　船撞作用设防水准划分

船撞作用设防水准	失效概率
L1	1×10^{-3}
L2	1×10^{-4}

条文说明

本条依据基于性能设计方法的国际通则，提出了两个作用水准。两个水准的失效概率主要参考了美国《公路桥梁船撞设计指南》。

4.2.4 桥梁的抗船撞设防目标应按表4.2.4-1确定。桥梁结构的抗船撞性能等级应按表4.2.4-2的规定取用。桥梁构件的抗船撞性能等级应按表4.2.4-3的规定取用。

表 4.2.4-1　桥梁的抗船撞设防目标

船撞作用设防水准	船撞重要性等级		
	C1	C2	C3
L1	P1	P1	P2
L2	P1	P2	P3

表 4.2.4-2　桥梁结构的抗船撞性能等级

结构的抗船撞性能等级	总体性能描述	构件的抗船撞性能等级要求		
		柱式构件	支座	桩基础
P1（长期功能降低的临界状态）	结构构件的安全性能完全保持，即其承载能力和通行能力没有降低，但因局部损伤（如保护层混凝土剥落等）影响桥梁的耐久性，需要进行耐久性的补修	JX1	JX1	JX1
P2（部分安全功能丧失的临界状态）	结构主要构件受到一定程度的损伤，即其承载能力和通行能力一定程度降低，当限制交通荷载和通行能力时，仍可以使用，可以提供紧急通行功能。损伤可以修复，且修复后功能可以得到恢复	JX2	JX2	JX2
P3（安全功能完全丧失的临界状态）	结构接近倒塌，承载能力和通行能力接近完全丧失	JX3	—	JX3

表 4.2.4-3　桥梁构件的抗船撞性能等级

构件的抗船撞性能等级	性能描述		
	柱式构件	支座	桩基础
JX1	无须维修	支座可以保持正常功能	碰撞后基础正常工作
JX2	可修复的损伤	支座发生破坏，但不发生落梁；更换	主要功能不受影响，无须进行大的维修即可继续使用
JX3	更换新构件	—	需维修加固

条文说明

交通运输部科技项目"西部地区内河桥梁船舶防撞标准和设计指南的研究"成果表明，桥梁结构体系的抗撞能力按照性能分级，主要考虑桥梁被撞后的承载能力变化、使用功能影响和可修复性问题；桥梁构件的抗撞能力按性能分级，主要考虑构件的可修复性；桥梁按照设防水准和重要性分类构成各级性能的矩阵列表，即桥梁抗撞性能目标。本节的这几个表格构成了基于性能抗撞设计的目标体系，也就是设计要达到的目标和对设计结果进行评价的标准。

4.3 抗船撞性能验算

4.3.1 抗船撞性能验算应分别进行强度验算和变形验算。

4.3.2 抗船撞性能验算应符合下式规定：

$$S_{ad} \leqslant R_d \quad (4.3.2\text{-}1)$$

$$S_{ad} = S(G;\ F;\ F_w;\ Q_{qk}) \quad (4.3.2\text{-}2)$$

式中：R_d——桥梁构件的抗船撞性能，按本规范附录 A 的规定计算；
S_{ad}——桥梁构件在考虑船撞作用的偶然组合下作用效应设计值；
G——桥梁结构永久作用标准值；
F——设防船撞力；
F_w——水流、波浪压力准永久值；
Q_{qk}——汽车荷载准永久值。

条文说明

本条给出了撞击作用偶然组合需要考虑的作用。明确了温度作用等不参与撞击组合，是对现行《公路桥涵设计通用规范》（JTG D60）的补充。船撞作用属于偶然作用，根据现行《公路桥涵设计通用规范》（JTG D60）的规定，偶然组合各类作用的分项系数统一取 1.0，参与组合的主要可变作用取其频遇值或准永久值，这里规定参与船撞组合时汽车荷载取其准永久值。美国《公路桥梁设计规范》中，船撞组合考虑了 0.55 倍的汽车荷载，与本条规定类似。

4.3.3 柱式构件的性能等级按构件转角或塑性铰区转角划分，其界限值应按本规范附录 A 计算。

4.3.4 当墙（板）式构件承受面外力时，应按柱式构件进行抗撞验算；承受面内力时，抗剪能力应按本规范附录 A 计算。

5 设防船撞力与设防代表船型

5.1 一般规定

5.1.1 桥区及上下游水域通航船舶的信息和数据应按本规范附录 B 的规定进行调查；信息和数据的表达应满足设计的需要和有关规定的要求。

条文说明

翔实和可靠的桥区通航环境信息是合理评估桥梁受船舶撞击风险的基础，因此需要对相关的信息进行全面和深入的调查。本规范附录 B 给出了需要调查的船舶相关信息。

5.1.2 设防船撞力宜根据设防代表船型、撞击速度，采用本规范第 5.1.3 条和第 5.1.4 条的公式计算。当不具备分析条件时，也可按现行《公路桥涵设计通用规范》（JTG D60）的规定取值。

条文说明

参照现行《公路桥涵设计通用规范》（JTG D60）、《内河通航标准》（GB 50139）、《运河通航标准》（JTS 180-2）、《海轮航道通航标准》（JTS 180-3）和《长江干线通航标准》（JTS 180-4）等，将设防代表船型简要划分为轮船和驳船。

5.1.3 轮船的设防船撞力计算应符合下列规定：
1 与桥梁碰撞时，轮船撞击力设计值应按下列公式计算：

$$F = a \cdot \eta \cdot \gamma \cdot V \cdot \left[(1+C_\mathrm{M}) \cdot M\right]^{0.62} \quad (5.1.3\text{-}1)$$

$$\eta = \begin{cases} 1 - \exp\left(-\dfrac{\beta \cdot \Delta H}{H_\mathrm{s}}\right) & \left(\dfrac{\Delta H}{H_\mathrm{s}} \leqslant 1.0\right) \\ 1 & \left(\dfrac{\Delta H}{H_\mathrm{s}} > 1.0\right) \end{cases} \quad (5.1.3\text{-}2)$$

$$\gamma = 1 - a_0 \left(\dfrac{1}{M}\right)^{b_0} \cdot (1 - \cos\theta) \quad (5.1.3\text{-}3)$$

式中：F——轮船撞击力设计值（MN）；
　　　a——轮船撞击力系数，取 0.033；

η——几何尺寸的修正系数；

γ——撞击角度的修正系数；

V——船舶撞击速度(m/s)，按本规范第 5.1.5 条的规定取用；

C_M——附连水质量系数，按图 5.1.3 取值，船舶正撞时宜取 0.1～0.3，侧撞时宜取 0.5～4.5；

M——满载排水量(t)；

ΔH——被撞体厚度(m)；

H_s——船舶高度(m)；

β——统计系数，取 4.0；

θ——船舶轴线与碰撞面法线夹角，$0° \leq \theta \leq 45°$；

a_0、b_0——参数，按表 5.1.3 取值。

表 5.1.3 a_0、b_0 的取值

参 数	法向撞击力	撞击力合力
a_0	36.61	69.13
b_0	0.42	0.50

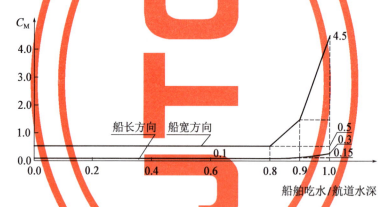

图 5.1.3 附连水质量系数

2 与桥梁上部结构撞击时，甲板室撞击力设计值应按下式计算：

$$F_{DH} = R_{DH} F \qquad (5.1.3\text{-}4)$$

$$R_{DH} = 0.532 - 2.66 \times 10^{-6} \cdot DWT \qquad (5.1.3\text{-}5)$$

式中：F_{DH}——甲板室撞击力设计值(MN)；

F——轮船撞击力设计值(MN)，按式(5.1.3-1)计算；

R_{DH}——折减系数；

DWT——船舶载重吨位(t)，等于轮船满载排水量减去空船质量。

3 与桥梁上部结构撞击时，桅杆撞击力设计值应按下式计算：

$$F_M = K_m F_{DH} \qquad (5.1.3\text{-}6)$$

式中：F_M——桅杆撞击力设计值(MN)；

K_m——系数，取 0.133。

条文说明

1 轮船撞击桥梁是一个动态过程,出于简化工程设计的目的,将动态的船舶撞击过程用一个等效静力来近似代替。式(5.1.3-1)是根据我国8艘代表性轮船(3 000～50 000DWT)的船撞动态时间过程,经过数理统计得到的。式(5.1.3-1)的计算结果与我国现行《公路桥涵设计通用规范》(JTG D60)和美国《公路桥梁船撞设计指南》相关规定的对比情况见表5-1。结果表明,本规范等效静力计算公式的计算结果与我国现行《公路桥涵设计通用规范》(JTG D60)和美国《公路桥梁船撞设计指南》相差很小,考虑到该计算公式的经验统计性质,这种差别是可以忽略的。

表5-1 轮船撞击力的比较(MN)(船舶撞击速度3m/s)

船舶吨位 (DWT)	本规范的计算值	中国现行《公路桥涵设计通用规范》 (JTG D60)	美国《公路桥梁船撞设计指南》
3 000	18.3	19.6	20.05
5 000	24.4	25.4	25.88
7 500	30.6	31.0	31.70
10 000	36.0	35.8	36.60
20 000	53.0	50.7	51.76
30 000	66.5	62.1	63.39
40 000	78.2	71.7	73.20
50 000	86.6	80.2	81.84

其中,附连水质量系数C_M的取值参考了欧洲的研究结果,详见国际桥梁和结构工程协会(IABSE)技术报告《交通船只与桥梁结构的相互影响》(综述与指南,1991年9月)。

2 美国《公路桥梁船撞设计指南》中给出了甲板室撞击桥梁上部构件的撞击力计算公式。与国内有关数值模拟计算结果相比,美国指南给出的撞击力计算值明显偏小,详见表5-2。此外,船舶甲板室撞击力与甲板室的结构尺度、强度及与桥梁结构接触范围有关,有限元计算结果比较离散。本规范根据数值模拟结果,对甲板室撞击桥梁上部构件的力进行了调整。

表5-2 船舶甲板室撞击力计算结果比较

船舶吨位 (DWT)	有限元计算结果 (MN) 速度5m/s	美国指南计算结果 (MN)	有限元结果/美国指南结果	2.66倍美国指南中甲板室碰撞力
1 000	6.6	3.78	1.75	10.05
2 000	6.26(动力模拟值)	5.31	1.18	14.12
3 000	30.0	6.47	4.64	17.21
5 000	22.0	8.27	2.66	22.00
10 000	35.0	11.40	3.07	30.32
			平均值2.66	

3 美国《公路桥梁船撞设计指南》中给出了桅杆撞击桥梁上部构件的撞击力计算公式。与国内有关数值模拟计算结果相比，美国指南给出的撞击力计算值明显偏小，详见表5-3。本规范根据数值模拟结果，对桅杆撞击桥梁上部构件的力进行了调整。

表5-3 船舶桅杆撞击力计算结果比较

船舶吨位（DWT）	有限元计算结果（MN）	美国指南计算结果（MN）	有限元结果/美国指南结果	3.38倍美国指南中桅杆碰撞力
	速度5m/s			
1 000	1.0	0.378	2.65	1.28
2 000	1.6	0.531	3.01	1.79
3 000	2.1	0.647	3.25	2.19
5 000	4.0	0.827	4.84	2.80
10 000	4.1	1.140	3.60	3.85
50 000	4.0	2.012	1.99	6.80
150 000	10.0	2.324	4.30	7.86
			平均值3.38	

5.1.4 和桥梁撞击时，驳船撞击力设计值应按下式计算：

$$F = 0.011\,5 \cdot M^{0.70} \cdot V \tag{5.1.4}$$

式中：F——驳船撞击力设计值(MN)；

M——满载排水量(t)；

V——船舶撞击速度(m/s)，按本规范第5.1.5条的规定取用。

条文说明

式(5.1.4)是根据我国7艘代表性驳船(50~3 000DWT)的船撞动态时间过程，经过数理统计得到的。式(5.1.4)的计算结果与我国现行《公路桥涵设计通用规范》(JTG D60)和美国《公路桥梁船撞设计指南》的对比情况见表5-4。结果表明，本规范等效静力计算公式给出的结果除3 000吨级外均小于美国《公路桥梁船撞设计指南》给出的结果，但均大于我国现行《公路桥涵设计通用规范》(JTG 60)给出的驳船设防船撞力。

表5-4 驳船撞击力的比较(MN)(船舶撞击速度3m/s)

船舶吨位（DWT）	本规范的计算值	中国现行《公路桥涵设计通用规范》（JTG D60）	美国《公路桥梁船撞设计指南》
50	0.62	0.15	3.67
100	1.00	0.25	6.18
300	2.17	0.40	6.57
500	3.10	0.55	6.80
1 000	5.04	0.80	7.57
2 000	8.18	1.10	8.82
3 000	10.87	1.40	10.18

5.1.5 船舶撞击速度宜根据桥区水域的实测数据或可靠的模拟试验数据确定。当不具备分析条件时，船舶撞击速度可按图 5.1.5 速度曲线采用式(5.1.5)计算。

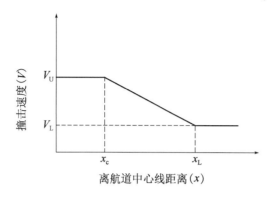

图 5.1.5　船舶撞击速度曲线

$$V = \begin{cases} V_U & (x \leq x_c) \\ \dfrac{x_L V_U - x_c V_L - x(V_U - V_L)}{x_L - x_c} & (x_c < x \leq x_L) \\ V_L & (x > x_L) \end{cases} \quad (5.1.5)$$

式中：V——船舶撞击速度(m/s)；

V_U——船舶在航道内的正常行驶速度(m/s)；

V_L——水域特征流速(m/s)，根据桥址处水文统计确定；

x——桥墩中心线至航道中心线的距离(m)；

x_c——航道中心线至航道边缘的距离(m)；

x_L——航道中心线至 3 倍船长处的距离(m)。

条文说明

船舶撞击桥梁的速度是确定撞击力的关键要素之一，按船舶失控情况考虑，其下限值 V_L 取水流速度，上限值 V_U 取正常船舶航速（含水流速度），需要根据桥址处的通航船舶航速调查、气象水文调查确定。其中，水流速度包括洪水期高水位、枯水期低水位和通航水位等多个状况。

值得注意的是，撞击速度沿航道中心线向两侧递减，3 倍船长以外的可通航水域仍然有撞击速度，意味着仍然有撞击力。3 倍船长来源于美国《公路桥梁船撞设计指南》。

5.1.6　桥梁下部结构设计时，横桥向船舶撞击力应垂直于桥轴线；顺桥向船舶撞击力取横桥向船舶撞击力的 1/2；两者不组合。

5.1.7　可能受到船舶甲板室或桅杆撞击的桥梁上部结构，应验算横桥向船舶撞击力对结构的作用。最小值可取船舶漂流速度下甲板室撞击力或桅杆撞击力计算，其作用方向宜垂直于桥轴线。

条文说明

桥梁上部结构被船舶桅杆、塔台等突出甲板部位撞击的概率大，世界各地发生船舶撞桥的实例也是如此。上部结构一旦被撞，桥梁和船舶均呈现损坏、损毁的概率较大。

5.2 分析方法

5.2.1 设防代表船型宜采用航道通航条件影响评价，或按本规范第5.2.2条的分位值法，或按本规范第5.2.3条的概率-风险分析法确定，并满足下列要求：

1 采用分位值法或概率-风险分析法确定的设防代表船型，不宜低于航道通航条件影响评价的要求。

2 一水准设计的设防代表船型可采用分位值法或概率-风险分析法确定；采用概率-风险分析法时，船撞作用设防水准应选用表4.2.3中的L1水准。

3 两水准设计的设防代表船型宜根据概率-风险分析法确定。

条文说明

桥梁船撞问题为水路交通和公路交通等专业的交叉学科，航评方法和分位值法或概率-风险分析法是在这一背景下由各学科提出的处理方法。按照基于性能的设计思想，桥梁建设部门可通过技术协商等，综合分析后确定设防代表船型。

5.2.2 当航道船舶数据资料齐全，且航道仅通行浅吃水的内陆驳船或通航船舶尺度差别很小时，设防代表船型可采用分位值法确定，并应符合下列规定：

1 船撞重要性等级为C1、C2级时，采用5%准则确定设防代表船型。
2 船撞重要性等级为C3级时，采用10%准则确定设防代表船型。

条文说明

将全年存在碰撞风险的通航船舶按从大到小排列，按5%准则，设防代表船型取第50位船型或概率分布为5%船型的较小者；按10%准则，设防代表船型取第200位船型或概率分布为10%船型的较小者。

5.2.3 采用概率-风险分析法确定设防代表船型时，宜符合下列规定：

1 采用本规范第4.2.3条规定的船撞作用设防水准，按本规范附录C的规定确定桥墩或基础的设防船撞力。

2 由设防船撞力，采用本规范第5.1.3条、第5.1.4条规定的撞击力计算公式和第5.1.5条规定的撞击速度确定设防代表船型。

条文说明

　　对于通航船舶种类繁杂、通航量大以及水中存在很多桥墩的情况,同时考虑到船舶撞击桥梁事件的偶然性质,采用概率-风险分析方法确定设防船撞力是一个比较合理的方法。船撞概率-风险分析方法参考了工程场地地震概率-风险分析方法,考虑了船舶撞击桥梁的具体特征。该方法可以考虑船舶、通航量、船舶事故等统计信息,理论基础比较系统和完善,一般情况下推荐采用此方法,特别是重要桥梁和宽阔水域的桥梁。

　　在确定设防船撞力之后,仍然需要确定一个设防代表船型,目的是用于更详细的分析方法(如碰撞数值模拟分析),以评估桥梁或防撞结构的抗船撞性能。

6 船撞效应计算方法

6.1 一般规定

6.1.1 桥梁主体结构船撞效应宜采用质点碰撞方法或强迫振动方法计算。当需要精确模拟船舶与桥梁相互作用过程，获得桥梁结构总体受力、局部受力及结构位移、内力的动态响应时，可采用数值模拟计算方法。

条文说明

按照现行规范规定，船舶撞击力作用于桥墩上，桥梁结构的响应可采用等效静力方法计算确定，包括桥梁结构的内力、变形等。等效静力方法忽略了冲击动力效应，案例分析表明一些情况下会产生工程设计不可接受的误差。近年来，将撞击作用按照动力学的理论作用于桥梁结构上，并计算分析桥梁结构的动力响应发展比较迅速，已经成为桥梁结构撞击计算分析的主流方法，如强迫振动法、质点碰撞法。等效静力法计算精度不高但方法简单，适合于桥梁设计的初步设计及以前的阶段。强迫振动方法和质点碰撞方法等可以提供更合理的船撞效应计算结果，适用于施工图设计、专题研究等工作。质点碰撞法可以降低因桥梁构件柔度引起的计算误差，因此，本规范推荐采用该方法。

数值模拟计算方法是通过建立船舶和桥梁的有限元模型，动态模拟船撞桥的过程，能够精确模拟船舶与桥梁相互作用过程，近年来在实际工程中得到了广泛应用。

6.1.2 船撞计算模型与方法的选取应满足桥梁抗船撞性能验算的要求。

条文说明

复杂结构和复杂撞击过程的计算结果和计算模型、计算方法关系很大，不同的计算模型和方法又与设计人员的水平、能力以及计算时间、费用等有关，但总体而言，在计算机技术比较发达的情况下，计算分析需以满足性能验算为目的。

6.1.3 桥梁主体结构船撞效应计算应采用全桥结构分析模型，并考虑土-基础的相互作用。

6.1.4 船舶撞击力的着力点应符合下列规定：

1 轮船满载时,撞击力着力点应取船舶型深 2/3 处;轮船空载时,撞击力着力点应取船舶型深 1/2 处。

2 驳船撞击力着力点应取船头 1/2 处。

3 无须确定设防代表船型时,撞击力着力点可选在水面以上 2m 处。

6.2 质点碰撞方法

6.2.1 采用质点碰撞方法时,桥梁的有限元模型应满足本规范第 6.1.3 条的规定,船舶撞击作用采用质点弹簧模型,如图 6.2.1 所示。

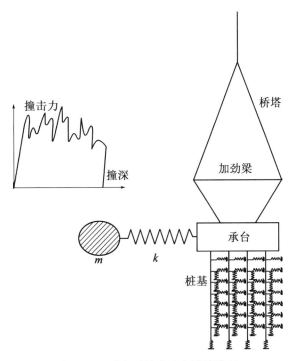

图 6.2.1 质点碰撞法动力计算模型

6.2.2 采用质点碰撞方法时,船舶撞击力-撞深模型应按本规范附录 D 的规定取值。

6.2.3 采用质点碰撞方法时,结构的振型阻尼比应按表 6.2.3 取值。

表 6.2.3 阻 尼 比 取 值

结构类型	焊接钢结构	栓接钢结构或钢管混凝土结构	钢筋(预应力)混凝土结构
阻尼比	1.5%	3.0%	5.0%

6.3 强迫振动方法

6.3.1 采用强迫振动方法时,桥梁的有限元模型应满足本规范第 6.1.3 条的规定,船舶撞击作用采用强迫力模型,如图6.3.1所示。

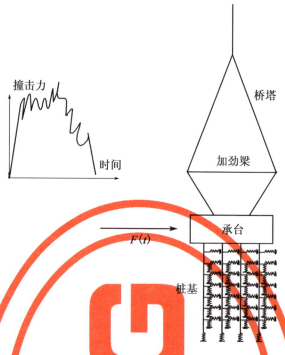

图6.3.1 强迫振动法动力计算模型

6.3.2 采用强迫振动方法时,强迫力模型应按本规范附录D的规定取值。

6.3.3 采用强迫振动方法时,结构的振型阻尼比应按表6.2.3取值。

7 结构性防船撞设施

7.1 一般规定

7.1.1 结构性防船撞设施应使桥梁主体结构承受的船撞效应下降到主体结构自身可接受的水平。

7.1.2 结构性防船撞设施几何外形宜有利于改变船舶撞击后的航向。

条文说明

船舶撞击后航向改变，可使船舶一部分动能保留在船上，减少撞击过程中的能量转化，减小桥梁承受的撞击能量，有利于保护桥梁和船舶。

7.1.3 设计结构性防船撞设施时，应分析桥梁主体结构和防船撞设施所分担的船撞效应。

条文说明

结构性防船撞设施有很多种，其刚度一般比桥墩的刚度小，且属于可更换、可修复的构件，其能够承担的撞击力和位移、变形等能力也千差万别，因此需要特殊设计。至于防船撞设施被撞击后，还有多少撞击作用传递到桥墩等主体结构上，更需特殊分析。

7.2 选用原则

7.2.1 下部结构用防船撞设施的选择应综合考虑下列条件：
1 河道与航道条件；
2 水文条件；
3 桥下净空要求；
4 桥梁基础形式；
5 桥梁下部结构的抗撞能力；
6 减小船舶损伤及加强环境保护。

7.2.2 下部结构用防船撞设施应选择已有工程应用、得到检验、设计方法明确的结构形式；采用新型材料和结构形式时，应对材料的性能、结构的整体稳定性、局部强度、设计方法、防撞效果、耐久性和可维护性等进行专门研究和论证。可采用一体式防船撞设施、附着式防船撞设施或独立式防船撞设施。

条文说明

附着式防撞护舷安装在承台或墩身侧面，主要起缓冲和分散船舶撞击力的作用。附着式防撞绳索是将钢丝绳通过支撑固定在桥墩上，并在桥墩附近水面水平地展铺，当船舶冲撞时，由钢丝绳的弹性变形吸收冲撞能量。附着式防撞木结构主要靠木材的压溃来吸收撞击能量，可以安装在承台上直接抵御船舶的撞击，也可以设置在其他防船撞设施上，如围堰、混凝土箱、防护板防护系统等，既能防止船体与防船撞设施摩擦产生火花，也可以减小船体损伤。附着式防撞钢套箱一般安装在承台或桥墩周围，并能随水位上下浮动，主要靠钢材的塑性变形和破损来吸收撞击能量，减小船舶对桥墩的撞击力。附着式弹性体耗能防船撞设施通常采用钢材和橡胶材料，构成适当的组合形式，利用橡胶等弹性材料的变形来吸收撞击能量，可减小桥墩和船体的撞击损伤。此外，近年来以复合材料、高分子材料等为代表的新型防护结构也有研究和应用。

7.2.3 本体已具有整体抗撞能力的桥梁，可采用局部防船撞设施对可能撞损的部位进行局部防护。

条文说明

桥梁整体抗撞能力满足抗船撞要求，但局部结构仍可能存在撞损而不易维修的情况，进而影响桥梁的耐久性和后续抗撞能力，需采用局部防船撞设施。

7.2.4 采用独立式防船撞设施时，应充分考虑被保护桥梁的结构特点、环境特征、防撞保护要求等。

条文说明

集群式护墩桩可独立于桥墩进行设置，使船在不撞到桥墩之前就停止，避免由于船撞产生很大的冲击荷载，导致桩结构塑性变形和压碎。独立式防撞墩一般设置在桥墩的上游和下游，防撞墩可以分为柔性和刚性两种，柔性防撞墩一般采用钢管桩或钢管混凝土桩，这种防船撞设施会发生较大的变形，对船只的破坏较小。刚性防撞墩一般采用预应力混凝土桩或钻孔灌注桩，主要靠船艏变形来吸收撞击能量。薄壳筑砂围堰防船撞设施一般采用圆柱形结构，内部用混凝土或松散的材料填充，起到抵御或缓冲船撞力的作用。这种形式目前在国外有所应用，在我国尚未应用。浮泊缆索系统是指采用浮筒、缆索和锚碇构成的独立防撞体系，通过浮筒和锚碇的移动消耗船舶撞击能量，防止船舶直接撞击桥梁结构。

7.3 设计方法

7.3.1 结构性防船撞设施的设计宜采用设防代表船型。

条文说明

一般情况下，结构性防船撞设施宜采用与主体结构设防代表船型相同的船型进行设计，但也可以根据防船撞设施的设计目的对其设防代表船型进行适当的调整。

7.3.2 结构性防船撞设施的设计宜采用数值模拟、试验验证，或二者结合的方法。

条文说明

数值模拟方法在国内外已经得到普遍应用，方法比较成熟，但相关的输入参数需要试验或工程实践验证确定，并在计算文件中明确。

7.3.3 对于具有消能作用的构件，设计时应进行材料性能试验。

条文说明

材料性能主要指在船撞冲击荷载下的变形、破坏性能，同时需考虑环境条件下材料的老化特性。对于消能构件产品，需提供产品消能特性的试验数据。

7.3.4 结构性防船撞装置宜采用模块式构造，便于维修与更换。

附录 A 构件抗船撞性能指标

A.1 钢筋和钢骨混凝土构件的性能指标

A.1.1 钢筋和钢骨混凝土构件抗剪承载力应按下列规定计算：

$$V_{yd} = \phi_S (V_{cd} + V_{wd} + V_{sd}) \quad (A.1.1\text{-}1)$$

$$V_{cd} = 0.8 \nu_c A_g \quad (A.1.1\text{-}2)$$

$$\nu_c = \begin{cases} 1\,000 \cdot c_1 c_2 \sqrt{f_c'} \leqslant 330\sqrt{f_c'} & \text{塑性铰区以内} \\ 250 \cdot c_2 \sqrt{f_c'} \leqslant 330\sqrt{f_c'} & \text{塑性铰区以外} \\ 0 & \text{轴拉力} \end{cases} \quad (A.1.1\text{-}3)$$

$$c_1 = \begin{cases} \dfrac{\rho_s f_{yh}}{12.5} + 0.305 - 0.083\mu_d & \text{圆形截面} \\ \dfrac{2\rho_w f_{yh}}{12.5} + 0.305 - 0.083\mu_d & \text{矩形截面} \end{cases} \quad (A.1.1\text{-}4)$$

$$\rho_s = \frac{4A_{sp}}{sD'} \quad (A.1.1\text{-}5)$$

$$\rho_w = \frac{A_v}{bs} \quad (A.1.1\text{-}6)$$

$$c_2 = 1 + \frac{P_c}{13.8 A_g} \leqslant 1.5 \quad (A.1.1\text{-}7)$$

$$V_{wd} = \begin{cases} 500\pi \dfrac{n_g A_{sp} f_{yh} D'}{s} & \text{圆形截面} \\ 1\,000 \dfrac{A_v f_{yh} d_j}{s} & \text{矩形截面} \end{cases} \quad (A.1.1\text{-}8)$$

$$V_{sd} = 580 \cdot f_{yw} D t_w \quad (A.1.1\text{-}9)$$

式中：V_{yd}——构件的抗剪承载力设计值(kN)；

V_{cd}——混凝土部分的抗剪承载力设计值(kN);

V_{wd}——箍筋部分的抗剪承载力设计值(kN);

V_{sd}——钢骨部分的抗剪承载力设计值(kN);

ϕ_S——抗剪冲击效应折减系数,取0.7;

v_c——混凝土剪切强度(kPa);

A_g——构件横截面的毛截面积(m^2);

f'_c——混凝土28d圆柱体抗压强度标准值(MPa),$f'_c=0.8f_{cu,k}+8MPa$,其中$f_{cu,k}$为混凝土立方体抗压强度标准值(MPa);

c_1、c_2——配筋计算系数和轴力计算系数,其中$0.025 \leqslant c_1 \leqslant 0.25$;

ρ_s——螺旋或环形箍筋体积配箍率;

f_{yh}——箍筋的抗拉强度设计值(MPa);

A_{sp}——同一截面上螺旋或环形箍筋的总截面积(m^2);

D'——自箍筋环中心线量取的箍筋环直径(m);

s——箍筋间距(m);

μ_d——构件塑性铰区的转角延性需求;

ρ_w——矩形箍筋在计算方向的体积配箍率;

A_v——加载方向的同一截面上箍筋的总截面积(m^2);

b——矩形构件截面宽度(m);

P_c——包含侧倾力的墩柱轴力(kN);

n_g——独立的箍筋环数量;

d_j——加载方向上截面有效剪切高度,为自受压区边缘到受拉钢筋合力作用点的距离(m);

f_{yw}——钢骨的屈服强度设计值(MPa);

D——钢骨的腹板高度(m);

t_w——腹板厚度(m)。

A.1.2 钢筋和钢骨混凝土板式构件在较弱方向(面外)受力时,应按墩柱计算其抗剪性能;在较强方向受力时,应按式(A.1.2)验算抗剪性能:

$$V_{yd} = \phi_S \cdot (341.35\sqrt{f'_c} + 1\,000 \cdot \rho_w f_{yh})bd_j \leqslant 656.43\sqrt{f'_c} \cdot 0.8A_g \quad (A.1.2)$$

注:符号的含义及单位与第A.1.1条相同。

A.1.3 轴压比小于0.5且剪跨比为1.5以上的钢筋和钢骨混凝土柱式构件的弯曲变形性能应按下列规定计算,其他钢筋混凝土柱式构件的弯曲变形性能应进行专门研究。

1 构件的弯矩-转角关系应采用图A.1.3规定的理想弹塑性模型描述。

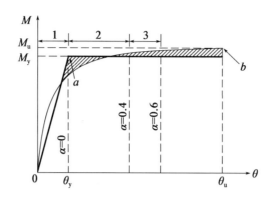

图 A.1.3 钢筋混凝土构件的弯矩-转角关系

a-截面等效屈服点；b-极限变形点；1、2、3-分别对应构件的性能等级 1、2、3；M_y-构件截面等效屈服弯矩；M_u-构件截面极限弯矩；θ_y-构件塑性铰区等效屈服转角；θ_u-构件塑性铰区极限转角；α-构件性能等级系数

2 钢筋混凝土柱式构件的弯曲变形性能等级的界限值按下式确定：

$$\theta_d = \theta_y + \alpha \frac{\theta_{pu}}{K} \qquad (A.1.3-1)$$

$$\theta_{pu} = (\phi_u - \phi_y)L_p \qquad (A.1.3-2)$$

式中：θ_d——弯曲变形性能等级的界限值（rad）；

K——构件极限塑性转角的安全系数，可取 1.5；

α——构件性能等级系数，按表 A.1.3 取值；

θ_{pu}——构件塑性铰区的极限塑性转角（rad）；

ϕ_u——塑性铰区极限曲率（m^{-1}）；

ϕ_y——塑性铰区屈服曲率（m^{-1}）；

L_p——塑性铰长度（m），$L_p = 1.0H$，H 为计算方向截面高度。

表 A.1.3 钢筋混凝土柱式构件的性能等级系数

构件性能等级	α 取值
JX1	0
JX2	0.4
JX3	0.6

A.2 钢管混凝土构件的性能指标

A.2.1 轴压比小于 0.3 的柱式钢管混凝土构件的弯曲变形性能等级应按本节规定值确定。

A.2.2 柱式钢管混凝土构件的弯矩-转角关系应采用图 A.2.2 规定的双线性模型描述。

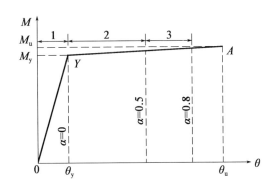

图 A.2.2 柱式钢管混凝土构件的弯矩-转角关系

Y-截面屈服点；A-极限变形点；1、2、3-分别对应构件的性能等级 1、2、3；M_y-构件屈服弯矩；
M_u-构件截面极限弯矩；θ_y-构件塑性铰区屈服转角；θ_u-构件塑性铰区极限转角；α-构件性能等级系数

A.2.3 柱式钢管混凝土构件性能等级按构件转角划分，其界限值应按式（A.1.3-1）和式（A.1.3-2）确定，α 应按表 A.2.3 取值。

表 A.2.3 柱式钢管混凝土构件性能等级系数

构件性能等级	α 取值
JX1	0
JX2	0.5
JX3	0.8

A.3 支座性能指标

A.3.1 支座的船撞性能指标可按表 A.3.1 的规定计算。

表 A.3.1 支座性能等级

性能等级	设计准则			性能描述
JX1	板式支座	$\Delta_R \leq \Delta_0$；$F_R \leq F_{df}$		支座可以保持正常功能
	盆式支座	滑动方向	$\Delta_R \leq \Delta_{max}$	
		固定方向	$F_R \leq F_{max}$	
JX2	验算梁与盖梁之间的搁置长度			支座发生破坏，但不发生落梁；更换

注：Δ_R——永久作用产生的水平位移与船舶撞击作用产生的水平位移之和；

Δ_0——橡胶层总厚度；

Δ_{max}——支座容许最大滑动水平位移；

F_R——包括船撞作用偶然组合下支座水平力设计值；

F_{df}——支座的静摩擦力；

F_{max}——支座水平承载力设计值。

A.4 桩基础整体稳定性指标

A.4.1 桩基础整体稳定性指标可表 A.4.1 的规定计算。

表 A.4.1 桩基础整体稳定性能等级

性能等级	界限值 d_d	性能描述
JX1	一根桩屈服对应的承台质心处的位移	碰撞后基础正常工作
JX2	半数以上的桩基础达到性能等级 2 的上限时承台质心处的位移	主要功能不受影响,无须进行大的维修即可继续使用
JX3	性能等级 2 界限值的 1.5 倍	需维修加固

附录 B 船舶信息的收集和分类

B.1 数据调查

B.1.1 在设计阶段，公路桥梁抗船撞调查宜开展下列工作：
1 调查桥位处通航的总数量与分类数量，并分析统计规律，确定不同概率下的代表船型；
2 调查桥梁上下游10km内近10年的桥梁被撞事故资料；
3 调查近50年来桥位处通航航道及河道变迁情况；
4 调查桥位处航道、河道、通航船舶发展规划。

B.2 船型分类

B.2.1 按照吨位，船舶可分为下列类别：
1 船舶载重吨位DWT(单位：t)，一般用于货运船；
2 船舶总吨位GRT(单位：m^3)，一般用于客船、渔船。

B.2.2 按照适航水域，船舶可分为下列类别：
1 内河船舶，可包括下列3类：
1) 普通货船、集装箱船、化学品船、油船、液化石油气运输船、货滚船、客滚船、顶推船队或拖带船队、驳船(队)等；
2) 普通客船、高速客船、渡轮、游船；
3) 工程船、航运支持系统船舶等非运输船舶。
2 海船，可包括下列5类：
1) 集装箱船、散货船、油船、矿砂船、杂货船、液化天然气运输船、液化石油气运输船、客滚船、运木船、桥吊运输船、半潜船、散装水泥船、自卸船、滚装船、浮式储油卸油装置等货物运输船；
2) 客轮、高速客轮、渡轮、邮轮；
3) 渔船；
4) 起重船、打桩船、挖泥船、海洋工程船、钻井平台、敷装船等工程船；
5) 驳船、船队。
3 江海通航船。

4 特定航线船舶。
5 冰区加强船舶。

B.2.3 按照船体外形，船舶可分为下列类别：
1 单体船、双体船、多体船；
2 方形驳船、分节顶推船队；
3 V 型艏船、球型艏船。

B.2.4 按照航行水系，船舶可分为下列类别：
1 航行长江水系的船舶；
2 航行京杭运河、淮河水系的船舶；
3 航行西江航运干线的船舶；
4 航行珠江水系"三线"的船舶；
5 航行黑龙江—松花江的船舶。

B.2.5 按照用途，船舶可分为下列类别：
1 军用舰船，包括战斗舰艇、辅助舰船。
2 民用船舶，包括下列4类：
1) 运输船舶，包括货船、客船、渡船、驳船等；
2) 海洋开发用船舶，包括海洋资源开发船、海洋能源开发船、海洋调查船等；
3) 渔业船舶，包括渔船、渔政船、渔业辅助船等；
4) 工程工作船舶，包括挖泥船、起重船、航标船、布缆船、海洋打捞船、测量船、破冰船、港作拖船等。

B.2.6 按照航行状态，船舶可分为下列类别：
1 排水型船；
2 水翼艇和滑行艇；
3 气垫船；
4 冲翼船。

B.2.7 按照货物危险性，船舶可分为危险品船与普通货船。危险品船可包括油船、沥青船、化学品船、液化气船等。

条文说明

B.2.2～B.2.7 船舶种类繁多，分类方法也有多种，桥梁抗撞设计中船型分类可在我国现行《海港总体设计规范》(JTS 165)、《河港工程总体设计规范》(JTJ 212)、《内河通航标准》(GB 50139)、《海轮航道通航标准》(JTS 180-3)的基础上，根据桥梁通航船舶特点，补充其他船舶种类，作为桥梁抗撞设计基础资料的数据。内河船(航区A，B，C，J)与冰区加强船舶(冰区B1*，B1，B2，B3，B)可按现行《钢质海船入级规范》《钢质内河船舶建造规范》中的规定分类。

B.3 船型数据统计

B.3.1 特定航道船舶交通量的数据可按下列来源收集：
1 水路运输、航道、港口管理部门和海事管理机构的相关船舶数据记录；
2 地方引航站保存的该区域航行记录；
3 军队保存的军民船舶记录；
4 视觉观察记录；
5 船舶自动识别系统(AIS)、船舶航行服务系统(VTS)雷达监督记录；
6 航海对讲机交流。

B.3.2 对航行的船舶应收集下列数据：
1 船舶特征，包括船舶类型、压载时的吃水、装载时的吃水、压载条件下上层建筑的高度、装载条件下上层建筑的高度、船长、型宽、型深、排水量、载重量和航速等；
2 船舶机动性能及操纵要求，如曲率半径、船吸范围、通行速度、惯性等；
3 潜在的环境污染风险；
4 通航时有关安全等级的引航和(或)其他助航设备的使用。

条文说明

船舶相关数据离散度较大，且与特定航道存在密切的相关性。获得比较充分的数据，是桥梁抗撞设计的基础。对于部分海轮船型数据，可以借鉴国外的统计资料。

根据国内外船型资料，船舶质量 M(即排水量)与船舶载重量 DWT 有如下近似关系：

油船：$DWT = (0.8 \sim 0.88) \times M$；
散货船：$DWT = (0.75 \sim 0.85) \times M$；
集装箱船：$DWT = (0.6 \sim 0.7) \times M$。

B.4 船型及交通量预测

B.4.1 船型预测应根据航道、港口、航运以及造船业的现状及规划进行。

B.4.2 船型预测可根据下列技术的发展趋势进行：
1 船舶向大型化的发展；

2 主流船舶船型的优化；
3 多功能船舶的发展；
4 航道变化及新航线的开辟；
5 船舶安全和环保的理念与技术；
6 低碳经济对航速的影响、低速运行与气象条件的关系。

条文说明

目前40万~50万吨级散货船，20万~40万吨级油船，30万立方液化天然气运输船，2.2万标箱以上集装箱船，22.5万吨级及以上大型豪华邮轮都已投入运行。

B.4.3 船舶预期交通流量应预测桥梁全寿命周期内船舶交通量的发展，并考虑下列影响因素：
1 桥位处历年及现有通航船舶的数量及构成；
2 造船技术的发展；
3 航道、港口的发展和规划；
4 经济发展与政治影响；
5 船型标准化对流量的影响。

B.4.4 船舶交通流量预测可分为定性预测和定量预测。

条文说明

定性预测是经验判断性质的分析预测，主要依靠专家判断、经验分析、逻辑推理来进行，因而预测精度不高。

定量预测是指采用一定的数学模型，利用历史和现有具体数据进行计算并最终得到具体数值的方法，主要方法有回归分析法、灰色分析法、马尔科夫法、模糊预测法、神经网络法、基于误差绝对值之加权和最小预测组合法等，各种预测方法各有其特点和缺陷。

附录 C 船撞桥概率-风险分析方法

C.1 桥梁航道模型

C.1.1 桥梁航道模型应适用于弯曲航道。

条文说明

根据水域的自然情况以及船舶航道中心线相对桥轴线的角度，航道可以划分为直航道、斜直航道和弯曲航道三种情况。如果曲线航道中心线用多折线逼近，则上述三种航道可以统一到一个数学模型之下，即多折线航道模型，如图 C-1 所示。采用整体坐标系 $O\text{-}X\text{-}Y$ 描述航道位置、河床地形以及桥墩位置等，其坐标原点可以根据数据描述的方便确定。为了计算上的方便，需要建立若干局部坐标系。记航道中心线两个相邻多折线段的交点为 o_l，则航道第 l 段局部坐标系为 $o_l\text{-}x_l\text{-}y_l$，该局部坐标系的 x 轴由 o_l 指向 o_{l+1}，局部坐标系的 y 轴由右手螺旋法则确定。直线航道是弯曲航道的一个特例，即航道模型中只有一个线段。

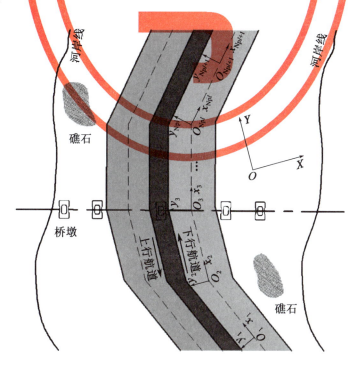

图 C-1 多折线航道模型

C.1.2 船舶可达水域应根据河道水深和船舶吃水按下式计算确定：

$$\Delta < d \quad (C.1.2-1)$$

$$d = H - E \quad (C.1.2-2)$$

式中：H——水位高程；
　　　d——河道水深；
　　　E——河床高程；
　　　Δ——船舶吃水深度。

条文说明

水下河床地形和水位对船桥碰撞频率有着很大的影响。河床水下地形可以用一系列等高线来描述，如图 C-2 所示。河床地形会有一些突起的地方（浅滩或礁石），这些突起也可以用一系列的等高线来描述。一条等高线可以被简化成一条高程为 E 的折线段。

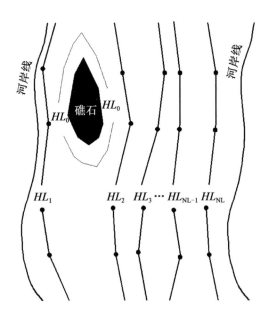

图 C-2　河床水下地形等高线

C.1.3 偏航船舶在桥区水域的横向分布函数、船舶偏航角分布函数、水位分布函数和停船距离分布函数应考虑其取值的有界性。

条文说明

偏航船舶在航道内的横向分布函数、船舶偏航角分布函数、水位分布函数和停船距离分布函数需考虑其自变量范围的有界性，一般采用图 C-3～图 C-6 所示的概率密度函数描述。

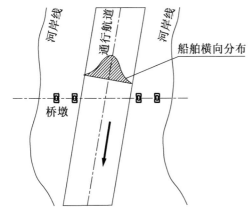

图 C-3 偏航船舶航迹横向分布

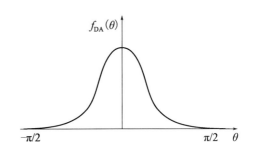

图 C-4 偏航船舶偏航角分布

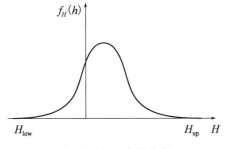

图 C-5 桥区水位分布

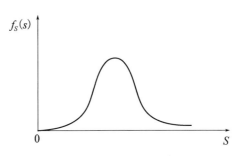

图 C-6 停船距离分布

C.1.4 船舶撞击速度应根据本规范第 5.1.5 条的规定确定。

C.1.5 当船舶横向分布、偏航角分布和水位分布的原始概率密度函数的定义域一侧或两侧无界时，应按下列公式进行修正：

$$p(x) = \begin{cases} f_1(x) \cdot f(x) & (x_1 \leqslant x < x_0) \\ f_2(x) \cdot f(x) & (x_0 \leqslant x < x_2) \end{cases} \quad (\text{C.1.5-1})$$

$$f_1(x) = \frac{p_{\max}}{f(x_0)}\left[1 - \frac{(x-x_0)^2}{(x_1-x_0)^2}\right] + \frac{p(x_1)}{f(x_1)}\frac{(x-x_0)^2}{(x_1-x_0)^2} \quad (\text{C.1.5-2})$$

$$f_2(x) = \frac{p_{\max}}{f(x_0)}\left[1 - \frac{(x-x_0)^2}{(x_2-x_0)^2}\right] + \frac{p(x_2)}{f(x_2)}\frac{(x-x_0)^2}{(x_2-x_0)^2} \quad (\text{C.1.5-3})$$

$$\frac{p_{\max}}{f(x_0)} = \frac{1 - \left(\dfrac{p(x_1)}{f(x_1)}\displaystyle\int_{x_1}^{x_0}\dfrac{(x-x_0)^2}{(x_1-x_0)^2}f(x)\,\mathrm{d}x + \dfrac{p(x_2)}{f(x_2)}\displaystyle\int_{x_0}^{x_2}\dfrac{(x-x_0)^2}{(x_2-x_0)^2}f(x)\,\mathrm{d}x\right)}{\displaystyle\int_{x_1}^{x_0}\left(1 - \dfrac{(x-x_0)^2}{(x_1-x_0)^2}\right)f(x)\,\mathrm{d}x + \displaystyle\int_{x_0}^{x_2}\left(1 - \dfrac{(x-x_0)^2}{(x_2-x_0)^2}\right)f(x)\,\mathrm{d}x} \quad (\text{C.1.5-4})$$

式中：$p(x)$——修正后的概率密度函数；

$f(x)$——原始概率密度函数;
$f_1(x)$——在$[x_1,x_0]$区间的修正函数;
$f_2(x)$——在$[x_0,x_2]$区间的修正函数;
$p_{\max}$——修正后的概率密度函数最大值;
$p(x_1)$、$p(x_2)$——上下界的概率密度值,可通过随机变量的统计数据获得;若无相关统计数据,可取0;
x_0——$f(x)$取最大值的坐标点;
x_1、x_2——$p(x)$定义域的下界和上界。

C.2 船舶与桥墩碰撞判定准则

C.2.1 根据实际情况,桥墩、浅滩、暗礁等可简化为圆形或凸多边形。

C.2.2 船舶可简化为矩形。

C.2.3 船舶与桥墩或基础碰撞事件的判定应符合下列要求:
1 船舶不会发生逆行;
2 过船舶矩形4个角点作平行于船舶运动方向的直线,该直线与桥墩或障碍物外轮廓线有交点。

条文说明

当船舶每一个角点沿着运动方向移动,若至少有一个角点在某一时刻与桥墩等发生接触,则发生碰撞,反之,则不发生碰撞。

C.3 设防船撞力

C.3.1 采用船撞桥概率-风险分析方法时,桥墩或基础的设防船撞力应根据本规范第4.2.3条规定的船撞作用设防水准确定。

C.3.2 确定设防船撞力应考虑所有航道和所有尺度的船舶。

C.3.3 某一桥梁构件的设防船撞力应按下列规定确定:
1 按表4.2.3确定目标超越概率 $P_{\mathrm{exc},T}$;
2 根据条件 $P_{\mathrm{exc}}(F_D) = P_{\mathrm{exc},T}$,确定设防船撞力 F_D;
3 $P_{\mathrm{exc}}(F_D)$ 按下列公式计算:

$$P_{\mathrm{exc}}(F_D) = \sum_{i=1}^{N_c} \sum_{j=1}^{J_v^s} P_{i,j}(F_D) \qquad (C.3.3\text{-}1)$$

$$P_{i,j}(F_D) = N(C_i, w_j) P_{\text{clsn}}(C_i, w_j) P[F_D < F(C_i, w_j)] \qquad \text{(C.3.3-2)}$$

$$P_{\text{clsn}}(C_i, w_j) = \sum_{k=1}^{I_w} \left(\int_{h_{k-1}}^{h_k} \left(\sum_{l=1}^{L(i)} P_l(C_i, w_j, h) \right) f_H(h) \, \mathrm{d}h \right) \qquad \text{(C.3.3-3)}$$

$$P_l(C_i, w_j, h) = \lambda \iint_{D_l} f_Y^l(C_i, w_j, y) G(x, y, h, w_j) \, \mathrm{d}A_l \qquad \text{(C.3.3-4)}$$

$$G(x, y, h, w_j) = \int_{\theta_{\min}}^{\theta_{\max}} f_\Theta(\theta, w_j) F_{\text{NS}}(s(x, y, \theta)) \, \mathrm{d}\theta \qquad \text{(C.3.3-5)}$$

$$P[F_D < F_s(C_i, w_j)] = \int_{V_{\text{cr}}(C_i, w_j)}^{+\infty} f_{C_i, w_j}(v) \, \mathrm{d}v \qquad \text{(C.3.3-6)}$$

$$\theta_{\min} = \theta_{\min}(x, y, h, w_j) \qquad \text{(C.3.3-7)}$$

$$\theta_{\max} = \theta_{\max}(x, y, h, w_j) \qquad \text{(C.3.3-8)}$$

式中： $P_{\text{exc}}(F_D)$ ——撞击力超越设定值 F_D 的概率；

$P_{i,j}(F_D)$ ——第 i 个航道，第 j 个吨位的船舶撞击力超越设定值 F_D 的概率；

N_c ——航道总数目；

J_v^* ——离散船舶吨位数目；

$P_{\text{clsn}}(C_i, w_j)$ ——第 i 个航道里，船舶吨位为 w_j 的船舶对某桥梁构件的碰撞概率；

$N(C_i, w_j)$ ——第 i 个航道里，船舶吨位为 w_j 的船舶流量；

I_w ——划分的离散水位的个数；

$L(i)$ ——第 i 个航道包含的折段数；

$P_l(C_i, w_j, h)$ ——水位 h 下，第 i 个航道的第 l 个折段里，船舶吨位为 w_j 的船舶对某桥梁构件的碰撞概率；

$f_H(h)$ ——水位概率密度分布函数；

h_k ——离散水位点；

D_l ——第 l 个折段的面积域；

$f_Y^l(C_i, w_j, y)$ ——船舶吨位为 w_j 的船舶在第 i 个航道，第 l 个折段内横向位置的概率密度函数；

λ ——船舶单位航程失效强度；

$G(x, y, h, w_j)$ ——水位 h 下吨位为 w_j 的船舶在航道内点 (x, y) 处失效后撞击桥墩的碰撞概率；

$\theta_{\min}$、$\theta_{\max}$ ——吨位为 w_j 的船舶在航道中的点 (x, y) 处撞击桥墩的偏航角下限和上限；

$f_\Theta(\theta, w_j)$ ——吨位为 w_j 的船舶偏航角的概率密度函数；

$F_{\text{NS}}(s(x, y, \theta))$ ——船舶在航道中的点 (x, y) 处以角 θ 误航后未得到有效制止的概率；

$P[F_D < F_s(C_i, w_j)]$——第 i 个航道里,船舶吨位为 w_j 的船舶撞击力超越设定值 F_D 的概率;

$F(C_i, w_j)$——第 i 个航道里,船舶吨位为 w_j 的船舶撞击力;

$V_{cr}(C_i, w_j)$——第 i 个航道里,船舶吨位为 w_j 的船舶撞击力刚好等于设定值 F_D 时,该船舶的临界撞击速度;

$f_{C_i, w_j}(v)$——第 i 个航道里,船舶吨位为 w_j 的船舶对桥墩的撞击速度概率分布密度函数;根据本规范第5.1.5条的规定,该密度分布函数由水流速度分布函数与船舶典型航速分布函数共同确定。

C.3.4 船舶偏航未得到有效制止的概率应按下列规定计算:

1 船舶偏航未得到有效制止的概率应按式(C.3.4-1)、式(C.3.4-2)计算。

$$F_{NS}(s) = 1 - F_S(s) = \frac{1}{2}\text{erfc}\left(\frac{s - \mu_s}{\sqrt{2}\sigma_s}\right) \quad (C.3.4\text{-}1)$$

$$s(\theta) = D\sin\theta_{bc}/\sin(\theta_{bc} - \theta); \quad D = \frac{y - b_{ba}}{k_{ba}} - x \quad (C.3.4\text{-}2)$$

式中:$\text{erfc}\left(\frac{s - \mu_s}{\sqrt{2}\sigma_s}\right)$——余误差函数;

μ_s、σ_s——停船距离 s 的均值与标准差;

θ_{bc}—— x 轴与桥轴线的夹角;

D——点 (x, y) 沿着 x 轴方向距离桥轴线的距离;

k_{ba}、b_{ba}——桥轴线所在直线的斜率和截距。

2 概率计算的几何关系应按图 C.3.4 计算。

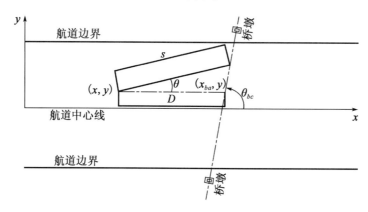

图 C.3.4 船舶偏航未得到有效制止的概率计算的几何关系

附录 D 船撞动力荷载

D.1 撞击力-撞深模型

D.1.1 撞击力-撞深模型应按下式确定：

$$F(\delta) = \frac{E_0}{d_{max}} \cdot f(\delta) \tag{D.1.1-1}$$

$$\delta = \frac{d}{d_{max}} \tag{D.1.1-2}$$

式中：$F(\delta)$——轮船撞击力-撞深模型(MN)；
　　　E_0——初始动能(MJ)；
　　　d_{max}——最大撞深(m)；
　　　$f(\delta)$——无量纲撞击力-撞深参数；
　　　δ——无量纲撞深，$0 \leq \delta \leq 1$；
　　　d——撞深(m)。

D.1.2 对于轮船，式(D.1.1-1)的撞击力-撞深参数(图 D.1.2)应按下列公式确定：

$$f(\delta) = (b+1) \begin{cases} \delta^b & (0 \leq \delta \leq 1) \\ \dfrac{\delta - \delta'}{1 - \delta'} & (\delta' \leq \delta \leq 1) \end{cases} \tag{D.1.2-1}$$

$$E_0 = \frac{1}{2} \times 10^{-3} MV^2 \tag{D.1.2-2}$$

$$d_{max} = aV^{1.30} \tag{D.1.2-3}$$

式中：δ'——无量纲最终撞深，按表 D.1.2 取值；
　　　b、a——常系数，按表 D.1.2 取值；
　　　M——满载排水量(t)；
　　　V——撞击速度(m/s)。

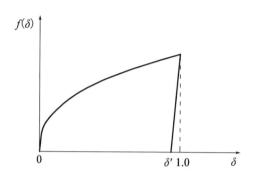

图 D.1.2 轮船无量纲撞击力-撞深参数

表 D.1.2 轮船撞击力-撞深相关参数

船舶等级(DWT)	M(t)	a	b	δ'
500	797	0.31	0.35	
1 000	1 210	0.37	0.33	
3 000	5 118	0.46	0.28	
5 000	6 710	0.37	0.28	0.980
10 000	16 700	0.70	0.37	
12 000	18 542	0.80	0.40	
30 000	43 028	1.14	0.47	
50 000	62 000	1.16	0.40	

D.1.3 对于驳船,式(D.1.1-1)的撞击力-撞深参数(图 D.1.3)应按下列公式确定:

$$f(\delta) = \frac{1}{(1-\delta_y)} \begin{cases} \dfrac{\delta}{\delta_y} & (0 \leq \delta \leq \delta_y) \\ 1 & (\delta_y \leq \delta \leq 1) \\ 1 - \dfrac{1-\delta}{\delta_y} & (1-\delta_y \leq \delta \leq 1) \end{cases} \quad (\text{D.1.3-1})$$

$$E_0 = \frac{1}{2} \times 10^{-3} MV^2 \quad (\text{D.1.3-2})$$

$$d_{\max} = a_1 \beta^{c_1} V^{e_1} \quad (\text{D.1.3-3})$$

$$\delta_y = a_2 \beta^{c_2} V^{e_2} \quad (\text{D.1.3-4})$$

式中: δ_y——无量纲屈服撞深;

a_1、c_1、e_1、a_2、c_2、e_2——常系数,按表 D.1.3 取值。

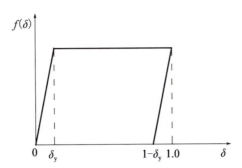

图 D.1.3 驳船无量纲撞击力-撞深参数

表 D.1.3 驳船撞击力-撞深相关参数

船舶等级(DWT)	$M(t)$	a_1	c_1	e_1	a_2	c_2	e_2
90	162	0.06	-0.34	1.74	0.16	-0.34	-1.23
300	448	0.22	-0.15	1.53	0.25	0.17	-0.73
490	653	0.19	-0.22	1.57	0.25	0.22	-0.94
840	1 106	0.32	-0.16	1.45	0.18	0.26	-0.96
1 000	1 364	0.19	-0.24	1.46	0.33	0.42	-0.96
2 000	3 660	0.44	-0.10	1.40	0.23	0.84	-0.73

D.2 强迫力模型

D.2.1 船舶撞击力模型(图 D.2.1)应按下列公式确定:

$$F(\tau) = \frac{I_0}{T} \cdot f(\tau) \quad (0 < \tau < 1) \tag{D.2.1-1}$$

$$f(\tau) = \frac{1}{Q} \cdot \frac{\pi}{2} \cdot (1 + \alpha_1 \tau + \alpha_2 \tau^2) \sin(\pi\tau) \quad (0 < \tau < 1) \tag{D.2.1-2}$$

$$Q = 1 + \frac{1}{2}\alpha_1 + \frac{1}{2}A\alpha_2 \tag{D.2.1-3}$$

$$\alpha_1 = \frac{\left(2 - \frac{24}{\pi^2}A - A^2\right)\tau_c + \tau_c\eta(A - 2B) + \left(AB + \frac{12}{\pi^2}A - 1\right)}{\left(AB + \frac{12}{\pi^2}A - 1\right)\tau_c + \tau_c\eta(B - A^2) + \left(A - \frac{12}{\pi^2}A^2 - B^2\right)} \tag{D.2.1-4}$$

$$\alpha_2 = \frac{(A - 2B)\tau_c + \tau_c\eta(2A - 1) + (B - A^2)}{\left(AB + \frac{12}{\pi^2}A - 1\right)\tau_c + \tau_c\eta(B - A^2) + \left(A - \frac{12}{\pi^2}A^2 - B^2\right)} \tag{D.2.1-5}$$

$$A = 1 - \frac{4}{\pi^2} \tag{D.2.1-6}$$

$$B = 1 - \frac{6}{\pi^2} \tag{D.2.1-7}$$

式中：$F(\tau)$——船撞力时间过程(MN)；
I_0——初始动量(MN·s)；
$f(\tau)$——无量纲撞击力-时间参数；
τ——t/T，无量纲撞击力时刻；
T——撞击力持续时间(s)；
t——撞击力时刻(s)；
τ_c、η——统计量参数，按本规范第 D.2.2 条与第 D.2.3 条的规定取值。

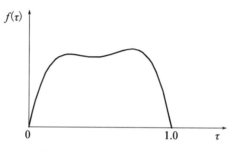

图 D.2.1　船舶撞击力模型

D.2.2　对于轮船，式(D.2.1-1)的撞击力-时间参数应按下列公式确定。τ_c、η 为常系数，按表 D.2.2 取值；当船舶等级介于表列数据之间时，应先将等级换算成对应的质量，再利用表格中的质量关系线性内插确定。

$$T = aV^{0.30} \tag{D.2.2-1}$$

$$I_0 = 1.05 \times 10^{-3} MV \tag{D.2.2-2}$$

式中：a——常系数，按表 D.2.2 取值；
M——满载排水量(t)；
V——撞击速度(m/s)。

表 D.2.2　轮船撞击力-时间相关参数

船舶等级(DWT)	M(t)	a	τ_c	η
500	797	0.60	0.522	0.649
1 000	1 210	0.76	0.508	0.632
3 000	5 118	0.94	0.496	0.625
5 000	6 710	0.75	0.511	0.641
10 000	16 700	1.33	0.506	0.625
12 000	18 542	1.56	0.519	0.628
30 000	43 028	2.41	0.501	0.604
50 000	62 000	2.32	0.520	0.632

条文说明

表 D.2.2 中第一列是船舶的尺度或等级，第二列是统计参数时各等级船舶的计算质量。

D.2.3 对于驳船，式(D.2.1-1)的撞击力-时间参数应按下列公式确定。τ_c、η 为常系数，按表 D.2.3 取值。

$$T = a\beta^c V^e \quad\quad\quad (D.2.3\text{-}1)$$

$$I_0 = \alpha \times 10^{-3} MV \quad\quad\quad (D.2.3\text{-}2)$$

式中：a、c、e、α——常系数，按表 D.2.3 取值；

β——径宽比；

M——满载排水量(t)，按表 D.2.3 取值；

V——撞击速度(m/s)。

表 D.2.3 驳船撞击力-时间相关参数

船舶等级(DWT)	M(t)	a	c	e	α	τ_c	η
90	162	0.17	−0.30	0.66	1.10	0.445	0.588
300	448	0.59	−0.15	0.42	1.08	0.452	0.593
490	653	0.45	−0.27	0.49	1.08	0.467	0.600
840	1 106	0.75	−0.21	0.38	1.06	0.462	0.603
1 000	1 364	0.43	−0.32	0.47	1.10	0.455	0.581
2 000	3 660	0.98	−0.12	0.40	1.09	0.476	0.604

本规范用词用语说明

1 本规范执行严格程度的用词,采用下列写法:

1)表示很严格,非这样做不可的用词,正面词采用"必须",反面词采用"严禁";

2)表示严格,在正常情况下均应这样做的用词,正面词采用"应",反面词采用"不应"或"不得";

3)表示允许稍有选择,在条件许可时首先应这样做的用词,正面词采用"宜",反面词采用"不宜";

4)表示有选择,在一定条件下可以这样做的用词,采用"可"。

2 引用标准的用语采用下列写法:

1)在标准总则中表述与相关标准的关系时,采用"除应符合本规范的规定外,尚应符合国家和行业现行有关标准的规定"。

2)在标准条文及其他规定中,当引用的标准为国家标准和行业标准时,表述为"应符合《××××××》(×××)的有关规定"。

3)当引用本标准中的其他规定时,表述为"应符合本规范第×章的有关规定"、"应符合本规范第×.×节的有关规定"、"应符合本规范第×.×.×条的有关规定"或"应按本规范第×.×.×条的有关规定执行"。

公路工程现行标准规范一览表

(2020年5月)

序号	类别	编号	书名(书号)	定价(元)
1	基础	JTG 1001—2017	公路工程标准体系(14300)	20.00
2		JTG A02—2013	公路工程行业标准制修订管理导则(10544)	15.00
3		JTG A04—2013	公路工程标准编写导则(10538)	20.00
4		JTG B01—2014	公路工程技术标准(活页夹版,11814)	98.00
5		JTG B01—2014	公路工程技术标准(平装版,11829)	68.00
6		JTG 2111—2019	小交通量农村公路工程技术标准(15372)	50.00
7		JTG B02—2013	公路工程抗震规范(11120)	45.00
8		JTG/T B02-01—2008	公路桥梁抗震设计细则(13318)	45.00
9		JTG 2232—2019	公路隧道抗震设计规范(16131)	60.00
10		JTG B03—2006	公路建设项目环境影响评价规范(13373)	40.00
11		JTG B04—2010	公路环境保护设计规范(08473)	28.00
12		JTG B05—2015	公路项目安全性评价规范(12806)	45.00
13		JTG B05-01—2013	公路护栏安全性能评价标准(10992)	30.00
14		JTG/T 2340—2020	公路工程节能规范(16115)	30.00
15		JTG/T 3310—2019	公路工程混凝土结构耐久性设计规范(15635)	50.00
16		JTG/T 6303.1—2017	收费公路移动支付技术规范 第一册 停车移动支付(14380)	20.00
17		JTG B10-01—2014	公路电子不停车收费联网运营和服务规范(11566)	30.00
18	勘测	JTG C10—2007	公路勘测规范(06570)	40.00
19		JTG/T C10—2007	公路勘测细则(06572)	42.00
20		JTG C20—2011	公路工程地质勘察规范(09507)	65.00
21		JTG/T C21-01—2005	公路工程地质遥感勘察规范(0839)	17.00
22		JTG/T C21-02—2014	公路工程卫星图像测绘技术规程(11540)	25.00
23		JTG/T C22—2009	公路工程物探规程(1311)	28.00
24		JTG C30—2015	公路工程水文勘测设计规范(12063)	70.00
25	设计	公路	JTG D20—2017	公路路线设计规范(14301)	80.00
26			JTG/T D21—2014	公路立体交叉设计细则(11761)	60.00
27			JTG D30—2015	公路路基设计规范(12147)	98.00
28			JTG/T D31—2008	沙漠地区公路设计与施工指南(1206)	32.00
29			JTG/T D31-02—2013	公路软土地基路堤设计与施工技术细则(10449)	40.00
30			JTG/T D31-03—2011	采空区公路设计与施工技术细则(09181)	40.00
31			JTG/T D31-04—2012	多年冻土地区公路设计与施工技术细则(10260)	40.00
32			JTG/T D31-05—2017	黄土地区公路路基设计与施工技术规范(13994)	50.00
33			JTG/T D31-06—2017	季节性冻土地区公路设计与施工技术规范(13981)	45.00
34			JTG/T D32—2012	公路土工合成材料应用技术规范(09908)	50.00
35			JTG/T 3334—2018	公路滑坡防治设计规范(15178)	55.00
36			JTG D40—2011	公路水泥混凝土路面设计规范(09463)	40.00
37			JTG D50—2017	公路沥青路面设计规范(13760)	50.00
38			JTG/T D33—2012	公路排水设计规范(10337)	40.00
39		桥隧	JTG D60—2015	公路桥涵设计通用规范(12506)	40.00
40			JTG/T 3360-01—2018	公路桥梁抗风设计规范(15231)	75.00
41			JTG/T 3360-02—2020	公路桥梁抗撞设计规范(16435)	40.00
42			JTG/T 3360-03—2018	公路桥梁景观设计规范(14540)	40.00
43			JTG D61—2005	公路圬工桥涵设计规范(13355)	30.00
44			JTG 3362—2018	公路钢筋混凝土及预应力混凝土桥涵设计规范(14951)	90.00
45			JTG 3363—2019	公路桥涵地基与基础设计规范(16223)	90.00
46			JTG D64—2015	公路钢结构桥梁设计规范(12507)	80.00
47			JTG D64-01—2015	公路钢混组合桥梁设计与施工规范(12682)	45.00
48			JTG/T 3364-02—2019	公路钢桥面铺装设计与施工技术规范(15637)	50.00
49			JTG/T 3365-01—2020	公路斜拉桥设计规范(16365)	50.00
50			JTG/T D65-04—2007	公路涵洞设计细则(06628)	26.00
51			JTG/T D65-05—2015	公路悬索桥设计规范(12674)	55.00
52			JTG/T D65-06—2015	公路钢管混凝土拱桥设计规范(12514)	40.00
53			JTG 3370.1—2018	公路隧道设计规范 第一册 土建工程(14639)	110.00
54			JTG/T D70—2010	公路隧道设计细则(08478)	66.00
55			JTG D70/2—2014	公路隧道设计规范 第二册 交通工程与附属设施(11543)	50.00
56			JTG/T D70/2-01—2014	公路隧道照明设计细则(11541)	35.00
57			JTG/T D70/2-02—2014	公路隧道通风设计细则(11546)	70.00
58			JTG/T 3374—2020	公路瓦斯隧道设计与施工技术规范(16141)	60.00
59		交通工程	JTG D80—2006	高速公路交通工程及沿线设施设计通用规范(0998)	25.00
60			JTG D81—2017	公路交通安全设施设计规范(14395)	60.00

续上表

序号	类别		编号	书名（书号）	定价（元）
61	设计	交通工程	JTG/T D81—2017	公路交通安全设施设计细则(14396)	90.00
62			JTG D82—2009	公路交通标志和标线设置规范(07947)	116.00
63			交办公路〔2017〕167号	国家公路网交通标志调整工作技术指南(14379)	80.00
64		综合	交公路发〔2007〕358号	公路工程基本建设项目设计文件编制办法(06746)	26.00
65			交公路发〔2015〕69号	公路工程特殊结构桥梁项目设计文件编制办法(12455)	30.00
66	检测		JTG E20—2011	公路工程沥青及沥青混合料试验规程(09468)	106.00
67			JTG E30—2005	公路工程水泥及水泥混凝土试验规程(13319)	55.00
68			JTG E40—2007	公路土工试验规程(06794)	90.00
69			JTG E41—2005	公路工程岩石试验规程(13351)	30.00
70			JTG E42—2005	公路工程集料试验规程(13353)	50.00
71			JTG E50—2006	公路工程土工合成材料试验规程(13398)	40.00
72			JTG E51—2009	公路工程无机结合料稳定材料试验规程(08046)	60.00
73			JTG 3450—2019	公路路基路面现场测试规程(15830)	90.00
74			JTG/T E61—2014	公路路面技术状况自动化检测规程(11830)	25.00
75	施工	公路	JTG/T 3610—2019	公路路基施工技术规范(15769)	80.00
76			JTG/T F20—2015	公路路面基层施工技术细则(12367)	45.00
77			JTG/T F30—2014	公路水泥混凝土路面施工技术细则(11244)	60.00
78			JTG/T F31—2014	公路水泥混凝土路面再生利用技术细则(11360)	30.00
79			JTG F40—2004	公路沥青路面施工技术规范(05328)	50.00
80			JTG/T 5521—2019	公路沥青路面再生技术规范(15839)	60.00
81		桥隧	JTG/T F50—2011	公路桥涵施工技术规范(09224)	110.00
82			JTG/T 3650-02—2019	特大跨径公路桥梁施工测量规范(15634)	80.00
83			JTG/T F81-01—2004	公路工程基桩动测技术规程(14068)	30.00
84			JTG/T 3660—2020	公路隧道施工技术规范(16488)	100.00
85		交通	JTG F71—2006	公路交通安全设施施工技术规范(13397)	30.00
86			JTG/T F72—2011	公路隧道交通工程与附属设施施工技术规范(09509)	35.00
87	质检安全		JTG F80/1—2017	公路工程质量检验评定标准 第一册 土建工程(14472)	90.00
88			JTG F80/2—2004	公路工程质量检验评定标准 第二册 机电工程(05325)	40.00
89			JTG G10—2016	公路工程施工监理规范(13275)	40.00
90			JTG F90—2015	公路工程施工安全技术规范(12138)	68.00
91	养护管理		JTG H10—2009	公路养护技术规范(08071)	60.00
92			JTJ 073.1—2001	公路水泥混凝土路面养护技术规范(13658)	20.00
93			JTG H11—2004	公路桥涵养护规范(05025)	40.00
94			JTG H12—2015	公路隧道养护技术规范(12062)	60.00
95			JTG 5142—2019	公路沥青路面养护技术规范(15612)	60.00
96			JTG/T 5190—2019	农村公路养护技术规范(15430)	30.00
97			JTG 5210—2018	公路技术状况评定标准(15202)	40.00
98			JTG 5421—2018	公路沥青路面养护设计规范(15201)	40.00
99			JTG/T H21—2011	公路桥梁技术状况评定标准(09324)	46.00
100			JTG H30—2015	公路养护安全作业规程(12234)	90.00
101			JTG/T 5640—2020	农村公路养护预算编制办法(16302)	70.00
102	加固设计与施工		JTG/T J21—2011	公路桥梁承载能力检测评定规程(09480)	20.00
103			JTG/T J21-01—2015	公路桥梁荷载试验规程(12751)	40.00
104			JTG/T J22—2008	公路桥梁加固设计规范(07380)	52.00
105			JTG/T J23—2008	公路桥梁加固施工技术规范(07378)	40.00
106			JTG/T 5440—2018	公路隧道加固技术规范	70.00
107	改扩建		JTG/T L11—2014	高速公路改扩建设计细则(11998)	45.00
108			JTG/T L80—2014	高速公路改扩建交通工程及沿线设施设计细则(11999)	30.00
109	造价		JTG 3810—2017	公路工程建设项目造价文件管理导则(14473)	50.00
110			JTG 3820—2018	公路工程建设项目投资估算编制办法(14362)	60.00
111			JTG/T 3821—2018	公路工程估算指标(14363)	120.00
112			JTG 3830—2018	公路工程建设项目概算预算编制办法(14364)	60.00
113			JTG/T 3831—2018	公路工程概算定额(14365)	270.00
114			JTG/T 3832—2018	公路工程预算定额(14366)	300.00
115			JTG/T 3833—2018	公路工程机械台班费用定额(14367)	50.00
116			JTG/T M72-01—2017	公路隧道养护工程预算定额(14189)	60.00

注：JTG——公路工程行业标准体系；JTG/T——公路工程行业推荐性标准体系。批发业务电话：010-59757973；零售业务电话：010-85285659（北京）；网上书店电话：010-59757908；业务咨询电话：010-85285922，85285930。